I0707402